Le petit renne qui ne savait pas voler

CYEL jeunesse

Aujourd'hui, il y a du **remue-ménage** au pôle Nord.
Noël approche et l'un des rennes du Père Noël est malade.
"Ne t'inquiète pas ! dit le Père Noël en caressant la tête du renne.
Nous allons trouver un autre renne pour te remplacer.
Un volontaire ?"

"Sûrement pas nous! murmurent les rennes
en se baissant. Nous ne sommes pas prêts!"
Malheureusement, un petit renne n'a pas
eu le temps de se cacher.

"Toi, tu vas m'aider!"

déclare le Père Noël.

“Moi, voler ?” répond le petit renne.
“Je ne sais pas. **Je ne peux pas. C’est impossible!”**
“Mais si! dit le plus grand renne.
Monte en haut de cette montagne et saute.
Si ton nez s’éclaire, c’est que tu voles.”

Le petit renne monte en haut de la montagne **de glace très abrupte.** Il prend son élan et se met à courir **de plus en plus vite.**

Arrivé au bord de la montagne, il **saute dans le vide !**

Malheureusement, rien ne se **passe** comme **prévu.**
Le nez du petit renne ne **s'éclaire** pas et, au lieu de **voler**,
il tombe dans une épaisse **couche de neige**.
"Aïe, aïe!" crie-t-il tout en roulant et en entraînant la neige. Le
petit renne est bientôt transformé en une **boule de neige géante.**

Et la boule de neige **roule** et **roule**, devenant de plus en plus **grosse.**
“Attention!” crient les elfes, les bras chargés de cadeaux.
“Oh, là! s’écrie le Père Noël.
Cette boule de neige est énorme!”

Plaf !

La boule de neige géante atterrit en plein milieu de l'atelier du Père Noël.

“Mais que fais-tu ? demande le Père Noël.
Ce n'est vraiment pas le moment de jouer avec la neige,
nous avons beaucoup de travail.”

“J’ai essayé de voler en me jetant de la montagne”,
gémit le petit renne en essuyant ses bois. Le grand renne,
qui vient d’arriver, lui dit : “Tu dois vraiment **être persuadé**
que tu peux voler. Essaie encore mais, cette fois-ci, répète :

Je sais voler, je sais voler !”

Le petit renne remonte sur la montagne, prend son élan
et s'élance en criant : **"Je sais voler, je sais voler !"**
Soudain, il se sent plus léger et commence à s'élever. Il monte
de plus en plus **haut,** et soudain son nez **s'illumine.**
"Je sais VRAIMENT VOLER !" crie-t-il, heureux.
C'est le plus **beau** jour de sa vie.

“Formidable !” s’écrie le petit renne en **plongeant** et en faisant des **loopings.** Il n’a aucune intention de redescendre sur terre. Le Père Noël attrape alors son haut-parleur et crie :

“Ça suffit, Petit Renne !
Reviens ici immédiatement !”

Il est temps de se mettre au travail. Les elfes **s'agitent** dans tous les sens. Les cadeaux passent de **main** en **main** et l'atelier **résonne** des bruissements de **papier cadeau** et de **ruban adhésif**.

Le Père Noël a un emploi du temps à respecter et il n'acceptera pas que **qui que ce soit** lui fasse rater la nuit de Noël.

Le traîneau est sorti et bien nettoyé, et le petit renne reçoit un seau de carottes. **“Waouh !”** s’exclame-t-il en voyant les elfes faire briller les boucles de son harnais et y fixer de jolies clochettes.

“Je suis prêt à partir maintenant !”

Le Père Noël place le petit renne juste devant lui.
“**Ici, je t’ai à l’œil!** lui dit-il. Je n’ai pas envie
que tu sèmes encore le désordre.”
Le petit renne est si **content** qu’il n’y prend pas garde.
Il remarque que le Père Noël est de bien meilleure
humeur maintenant que le traîneau est chargé.
C’est peut-être dû au **gros** morceau de **gâteau**
que lui a donné la Mère Noël.

Le Père Noël est **radieux** et le petit renne sent qu'il tire sur les rênes. Il est l'heure de partir. Le traîneau s'élance dans la nuit. Les sabots des rennes **crissent** sur la neige et un joli tintement de **cloches** résonne.

C'est merveilleux !

Le traîneau du Père Noël survole des pays dont le petit renne n'a jamais entendu parler.

Les cadeaux sont distribués dans les montagnes comme dans les déserts arides, dans les petites villes comme dans les grandes.

Le petit renne aperçoit de grands immeubles,
des maisons minuscules et même des igloos.
C’est une expérience fantastique !

C'est vraiment amusant de survoler la terre, mais soudain le petit renne sent que l'attelage **ralentit** et que les autres rennes n'avancent plus.

"Que se passe-t-il ?" demande le Père Noël tandis que le traîneau commence à perdre de l'altitude. **"Nous ne nous sentons pas très bien",** répondent les rennes en se posant sur un toit enneigé.

Le Père Noël touche le front des rennes.
“Oh là là ! s’écrie-t-il. On dirait que vous êtes tous malades. Il vaudrait mieux rentrer très vite. Le jour va bientôt se lever et ce sera Noël.”

De retour au pôle Nord, les rennes s'enroulent dans des couvertures chaudes. “Quel dommage que nous ne puissions pas distribuer les derniers cadeaux! dit le petit renne. Tant pis, nous les offrirons l'année prochaine”, ajoute-t-il avant de se diriger vers son lit lui aussi.

“Ne t’en va pas, dit le Père Noël en souriant.
Il n’est pas encore l’heure de dormir !
Tu es le seul renne à ne pas être malade et tu sais voler.
J’ai besoin de toi pour tirer le traîneau. On ne peut pas gâcher
la fête de Noël de certains enfants.”
“D’accord !” bredouille le petit renne.

Le petit renne se sent vraiment **nerveux**.
“Ne t’inquiète pas, dit la Mère Noël
en lui offrant un morceau de gâteau
de Noël. Tout va bien se passer.”
Le petit renne se sent tout à coup
beaucoup **mieux**.

Le petit renne attend maintenant impatiemment le départ, et c'est comme une fusée qu'il s'élance de la montagne. **"Nom d'une pipe !** s'écrie le Père Noël en riant. Allons distribuer les derniers **cadeaux !"**

Après une longue nuit, le Père Noël
et le petit renne rentrent au pôle Nord.
Ils sont **acclamés** et **applaudis.**
“Oh, ce n’est rien”, dit le petit renne en rougissant,
mais le Père Noël proteste :
“Tu es un renne **courageux** et **loyal**.
Je suis très fier de toi.”

Ému et les yeux remplis de larmes, le petit renne regarde le Père Noël.
“Merci, Père Noël! murmure-t-il. C’est le **plus beau** des cadeaux de Noël.
Joyeux Noël à tous!”